Peter Hahne · Das Weihnachtsbuch

Peter Hahne

Das Weihnachtsbuch

johannis

Bildnachweis:

Umschlag: Horst Klatt

Innenbilder: © jupiterImages Corporation

Hintergrund + S. 20: Thinkstock Images; S. 10, 35, 50, 51: Photos.com, S. 15, 31, 67, 68: Goodshoot; S. 17, 42: Brand X Pictures; S. 22: BananaStock; S. 23, 37, 64: Able-Stock.com, S. 39: Creatas Images; S. 40, 44, 47, 58, 61: Comstock Images; S. 43: Polka Dot Images

Rechtehinweis:

S. 26: Kurt Reuber, Stalingrad-Madonna, Zeichnung von 1942, Lutherisches Verlagshaus, Hannover

Bibliografische Information der Deutschen Nationalbibliothek

Die Deutsche Nationalbibliothek verzeichnet diese Publikation in der Deutschen Nationalbibliografie; detaillierte bibliografische Daten sind im Internet über http://dnb.d-nb.de abrufbar.

ISBN 978-3-501-05120-7

Bestell-Nr. 05120 · 3. Auflage 2009
© 2009 by Johannis-Verlag, Abt. der St.-Johannis-Druckerei C. Schweickhardt GmbH, Lahr/Schwarzwald
Umschlaggestaltung: Horst Klatt, Bielefeld
Gesamtherstellung: St.-Johannis-Druckerei C. Schweickhardt GmbH, Lahr/Schwarzwald

www.johannis-verlag.de

Inhalt

Liebe Leser!

Ich wünsche Ihnen eine fröhliche, besinnliche und gesegnete Advents- und Weihnachtszeit. Zugegeben: Ich freue mich riesig auf Weihnachten. Alle Jahre wieder.

Ich verstehe nicht, dass viele dem Christfest so kritisch gegenüberstehen. Haben sich doch die Generationen vor uns viel einfallen lassen, um Weihnachten zum schönsten Fest des Jahres zu machen. Was wäre ein Jahr ohne dieses Fest? Weihnachten ist ein Fest für Seele und Sinne. Kein Fest wie jedes andere. Weihnachten! Schon der Gedanke daran lässt Augen heller leuchten und Herzen höher schlagen.

Wenn wir uns von den oft negativen Begleiterscheinungen mitreißen lassen, sind wir selbst schuld. Das Drehbuch von Weihnachten kennt eben nicht nur die Kapitel Kommerz und Konsum. Wir belächeln die Kinder, wenn sie die Verpackung manchmal wichtiger nehmen als das Geschenk. Aber wir Erwachsenen gehen oft genauso mit Weihnachten um. Wir sehen nur die Verpackung. Das ist zu wenig.

Das Staunen an der Krippe kann einen Abend dauern – oder ein ganzes Leben.

Wo das Wichtigste von Weihnachten nicht zur Randerscheinung wird, kommt Freude in die Mitte unseres Alltags. Wo

Gott uns den Blick für das Wesentliche öffnet, ist Weihnachten nicht nur ein Traum von Stunden, sondern eine Kraftquelle für das ganze Leben.

Wir müssen wieder das Staunen lernen. Schieben wir also den Vorhang unserer Vorurteile beiseite und lassen wir uns von Gott beschenken. Weihnachten heißt, dass Gott uns Menschen nicht abgeschrieben hat. Wer ein Kind zur Welt bringt, der hat diese Welt noch nicht aufgegeben. Wenn das kein Grund zur Freude ist!

Lassen Sie sich von Gott beschenken – und geben Sie dieses große Geschenk der Liebe in kleiner Münze weiter.

Ich wünsche Ihnen Zeiten der Stille in diesen eiligen Tagen bis zum Heiligen Abend.

Frohe Weihnachten

Lukasevangelium

2 ¹ Es begab sich aber zu der Zeit, dass ein Gebot von dem Kaiser Augustus ausging, dass alle Welt geschätzt würde. ² Und diese Schätzung war die allererste und geschah zur Zeit, da Quirinius Statthalter in Syrien war. ³ Und jedermann ging, dass er sich schätzen ließe, ein jeder in seine Stadt. ⁴ Da machte sich auf auch Josef aus Galiläa, aus der Stadt Nazareth, in das jüdische Land zur Stadt Davids, die da heißt Bethlehem, weil er aus dem Hause und Geschlechte Davids war, ⁵ damit er sich schätzen ließe mit Maria, seinem vertrauten Weibe; die war schwanger. ⁶ Und als sie dort waren, kam die Zeit, dass sie gebären sollte. ⁷ Und sie gebar ihren ersten Sohn und wickelte ihn in Windeln und legte ihn in eine Krippe; denn sie hatten sonst keinen Raum in der Herberge.

⁸ Und es waren Hirten in derselben Gegend auf dem Felde bei den Hürden, die hüteten des Nachts ihre Herde. ⁹ Und der Engel des Herrn trat zu ihnen, und die Klarheit des Herrn leuchtete um sie; und sie fürchteten sich sehr. ¹⁰ Und der Engel sprach zu ihnen: Fürchtet euch nicht! Siehe, ich verkündige euch große Freude, die allem Volk widerfahren wird; ¹¹ denn euch ist heute der Heiland geboren, welcher ist Christus, der Herr, in der Stadt Davids. ¹² Und das habt zum Zeichen: Ihr werdet finden das Kind in Windeln gewickelt und

in einer Krippe liegen. ¹³ Und alsbald war da bei dem Engel die Menge der himmlischen Heerscharen, die lobten Gott und sprachen: ¹⁴ Ehre sei Gott in der Höhe und Friede auf Erden bei den Menschen seines Wohlgefallens.

¹⁵ Und als die Engel von ihnen gen Himmel fuhren, sprachen die Hirten untereinander: Lasst uns nun gehen nach Bethlehem und die Geschichte sehen, die da geschehen ist, die uns der Herr kundgetan hat. ¹⁶ Und sie kamen eilend und fanden beide, Maria und Josef, dazu das Kind in der Krippe liegen. ¹⁷ Als sie es aber gesehen hatten, breiteten sie das Wort aus, das zu ihnen von diesem Kinde gesagt war. ¹⁸ Und alle, vor die es kam, wunderten sich über das, was ihnen die Hirten gesagt hatten. ¹⁹ Maria aber behielt alle diese Worte und bewegte sie in ihrem Herzen. ²⁰ Und die Hirten kehrten wieder um, priesen und lobten Gott für alles, was sie gehört und gesehen hatten, wie denn zu ihnen gesagt war.

²¹ Und als acht Tage um waren und man das Kind beschneiden musste, gab man ihm den Namen Jesus, wie er genannt war von dem Engel, ehe er im Mutterleib empfangen war.

Das Schenken schenken?

Wir wollten's wirklich mal versuchen. Wir haben es uns ganz fest vorgenommen: Weihnachten ohne Geschenke. Einfach einmal den alten Traditionstrott durchbrechen. Denn alle Jahre wieder kommt, so sicher wie die Grippewelle im November, die Kaufepidemie im Dezember. Sollte man sich das mit diesem Schenken nicht schenken? Was könnte man sich alles ersparen! Die Hetze beim Einkaufen. Die Qual beim Aussuchen. Die Zweifel über die getroffene Wahl. Das Geldausgeben ... Kurzum: den ganzen Konsumterror nach dem Motto »Süßer die Kassen nie klingeln als zu der Weihnachtszeit«. Muss das denn sein, getrieben vom nervtötenden »Stille Nacht«-Gedudel und geschoben vom Käuferstrom, doch nur wieder ein Taschentuch mit Monogramm zu erwerben? Im üblichen Zweijahresrhythmus zur Krawatte? Dann wird Begeisterung geheuchelt über ein Geschenk, das immerhin die Fahrt in einem weihnachtlich bepackten und voll gequetschten Linienbus überstanden hat. Nein! Nie wieder Beethovens Neunte, die schon viermal in der CD-Box steht. Oder der 183. Schlips von Tante Klara. Nie wieder das wunderschöne Schreibset von Onkel Ludwig, das nach dem Fest zu den zwölf anderen unbenutzten wandert, um seinerseits auch nie gebraucht zu werden. Vorbei mit diesen lästigen Pflicht-, Werbe- und Austauschgeschenken. Auch die Angebergeschenke werden aufgegeben.

Also beschlossene Sache: diesmal ohne Geschenke. Die ganze Familie nickt begeistert. Jetzt kann man ungestört und unbelastet vom Warencharakter zum wahren Charakter des Weihnachtsfestes zurückkehren. Die Zeit zwischen Zimtsternen und Rehrücken wird nicht mehr gestört durch so abartiges Grübeln, ob man mit der Umtauschtour nun gleich nach dem Fest oder erst im neuen Jahr starten soll.

Völlig neue Lebensqualität in den eiligen Tagen vor dem Heiligen Abend. Fast mitleidig blickt man seinen stressgeplagten Mitmenschen nach, die paketbeladen über die Straße schwanken. So, denkt man mitfühlend, war das auch mal bei uns. Das »war« bekommt einen ganz besonderen, stolzbeladenen Akzent. Leichten Herzens geht man an den üppigen Schaufensterauslagen vorbei, die einen nun nicht mehr reinlegen können. Abgeblasen ist die Jagd nach Geschenken, die am Ende doch niemand brauchen kann und für die kaum einer dankt.

Dann der 24. Dezember. Baum geschmückt, Gottesdienst besucht, Kerzen angezündet, Lieder gesungen, vom Teller genascht, Augen gerieben, vom Donner gerührt ... Denn unter dem Tannenbaum ein breites Sortiment diverser Päckchen in verschiedenen Größen und Verpackungen. Weihnachtlich eingewickelt und golden verschnürt. Nach gedruckster Verlegenheit die eindrucksvolle Erklärung vom Rest der Familie: Den Vorschlag der Geschenkeverweigerung habe man nicht so ganz ernst genommen. Als dann auch noch die Freunde und Verwandten mit üppigen Präsenten anrücken, ist aus dem hehren Vorsatz eine herbe Niederlage geworden.

Der Besuch hebt es gleich auf die höhere Ebene der Verhaltensforschung: »Wissen Sie, Herr Hahne, wir leben ja nicht auf dem Hühnerhof. Dort wird bekanntlich dem Federvieh sein Körnchen nur dann geschenkt, wenn gerade kein stärkeres Huhn in der Nähe ist, das es ihm wegfrisst. Gegenseitiges Beschenken mit Gaben aus dem individuellen Besitz heben uns aber gerade aus diesem niederen Zivilisationsstand heraus. Dieser Güteraustausch wirkt sozialisierend.«
Aua, da hatte ich mein Fett weg. Das Schenken ist also ein verwickeltes, aber doch hohes Kulturgut.
Apropos Wissenschaft: Psychologen haben herausgefunden, was Geschenke über den Charakter verraten. Da gibt es zum Beispiel den praktischen Typ, der vor allem Nützliches ver-

schenkt (Socken, Kochtöpfe, Tischwäsche). Ihm wird ein ausgeprägtes Pflichtbewusstsein zugeschrieben und das Bedürfnis, Gutes zu tun.

Der extravagante Typ will sich nur in Szene setzen. Er hat sein Präsent im Wettkampf um Originalität erstanden. Er ist ein selbstverliebter Narzisst, will um jeden Preis auffallen und ist doch in Wahrheit ein einsamer Mensch. Schließlich gibt es den persönlichen Typ. Er benutzt sein Geschenk als Botschaft, um dem anderen zu zeigen, wie sehr er ihn mag und wie gut er ihn kennt.

Nie wieder, das habe ich mir jetzt geschworen, will ich mir das Schenken schenken. Ich will mir das Geben nicht nehmen lassen. Habe ich nicht selbst ein eigentümliches Gefühl wie in Kindertagen, wenn man ein Päckchen mit Blicken taxiert, in Händen wiegt, vielleicht ans Ohr hält und ein wenig schüttelt – um es dann zielstrebig und voller Erwartung zu öffnen? Bekommen die Augen nicht dankbaren Glanz, wenn man ein Präsent in der Hand hat, dessen Geber durch seine Auswahl Zuneigung, ja Liebe bezeugt? Zur Lebensqualität gehört, beschenkt zu werden und zu schenken. Von seinem Besitz etwas abgeben, weil nicht Reichtum, sondern Geiz verpönt ist. Wer Persönliches von Herzen schenkt, der wird nicht nur beachtet, er wird geachtet. Joachim Ringelnatz dichtet:

13

Schenke herzlich und frei. Schenke dabei,
was in dir wohnt
an Meinung, Geschmack und Humor,
sodass die eigene Freude zuvor
dich reichlich belohnt.

Schenke mit Geist ohne List.
Sei eingedenk,
dass dein Geschenk
du selber bist.

Wann schenken, wenn nicht am Heiligen Abend? Weihnachten ist doch Geburtstag. Ein echtes Familienfest. Schließlich bekommen wir Menschenkinder in Gott einen Vater und in Jesus Christus einen Bruder. Wir feiern Weihnachten, weil Gott uns das größte Geschenk macht: seinen Sohn, den Heiland. Unvorstellbar übrigens, wenn Gott sich das Schenken geschenkt hätte ...

Antworten können wir in doppelter Weise: ihm unser Leben geben und uns untereinander einen Abglanz dieses großen Geschenks. Aneinander denken, füreinander danken. Wer zur Krippe geht, kehrt als Beschenkter zurück. Wer sein Herz an Jesus verliert, der hat das Leben gewonnen.

Ich steh an deiner Krippe hier,
oh Jesu, du mein Leben;
ich komme, bring und schenke dir,
was du mir hast gegeben.
Nimm hin, es ist mein Geist und Sinn,
Herz, Seel und Mut, nimm alles hin
und lass dir's wohl gefallen.

(Paul Gerhardt, 1653)

Heimkehr

Dem jungen Mann auf dem Bahnsteig ist es sichtlich peinlich. Die traditionelle Umhüllung seiner Pakete – Tannenbaumpapier und dicke, rote Schleifen – passen so gar nicht zu seinem Outfit. Ein ausgeflippter Yuppie auf dem Weg zur Mama, muss ich denken. Er, als habe er meine Gedanken erraten, meint beim Einsteigen leicht errötend und fast entschuldigend: »Na ja, ich halte zwar nichts von diesem ganzen sentimentalen Weihnachtsrummel, aber an Heiligabend zieht es mich eben immer irgendwie nach Hause ...«

Ich muss an den Philosophen Friedrich Nietzsche denken: »Weh dem, der keine Heimat hat!«

Ich darf nach Hause! Wir sagen es erleichtert, erlöst und jubelnd, wenn wir aus dem Krankenhaus entlassen werden oder die Schule aus ist. Zu Hause – das ist mehr als ein Dach über dem Kopf. Mehr als der Ort, in dem wir geboren wurden, das Land, in dem wir leben. Mehr als die Familie, zu der wir gehören. Heimat – das ist Geborgenheit, Sicherheit, Freiheit. Ein Raum, der uns auffängt und abschirmt. Menschen, die auf uns warten und uns verstehen. Die glücklich sind, dass wir wieder da sind.

Aber wenn man ganz allein und verloren ist? Wenn man wirklich niemanden hat? Bin ich dann zur Heimatlosigkeit verdammt? Oder ist »zu Hause« nicht doch mehr?

16

Der russische Dichter Dostojewski schreibt: »Wenn aber niemand sonst da ist. Wenn Sie sonst nirgendwo hingehen können. Es müsste doch so sein, dass jeder Mensch irgendwo hingehen könnte. Denn es kommen Zeiten, in denen man irgendwo hingehen muss.«

Verloren suchen viele Menschen nach einem Zuhause. Sie

haben vielleicht eine Familie, aber keine echte Heimat. Sie besitzen eine Villa, aber ein Zuhause haben sie nicht. Viele sind unterwegs nach Nirgendwo. Das Leben als Fahrt ins Blaue. Doch die Wanderschaft hat einmal ein Ende: »Irgendwo hingehen« heißt auch: irgendwo ankommen. Der Kirchenvater Augustin analysiert messerscharf: »Unruhig ist unser Herz, bis es ruht in dir, oh Herr.«

»Immer suchen ist nicht schön. Man möchte auch mal nach Hause. Eine endgültige Lösung gibt es nur in Gott« (Kurt Tucholsky).

»Heimat in sich haben! Wie wäre das Leben anders. Es hätte eine Mitte, und von der Mitte aus schwängen alle Kräfte« (Hermann Hesse).

Weihnachten – das Fest der Familie. Nie sonst richten sich Gedanken und Besuche so sehr in die Heimat wie an Heiligabend. Fasziniert habe ich als Kind stundenlang die Kindergrüße gehört, die über Radio Norddeich den Männern auf hoher See galten. »Papi, komm bald nach Hause!« Die Weihnachtsbriefe und -feiern der Soldaten an der Front und der Gefangenen in Haft sprechen ihre eigene Sprache. Die Sehnsucht nach Heimat ist geheimnisvoll mit Weihnachten verbunden.

»Weihnachten ist Familienfest im tiefsten Sinn. Gott wird unser Vater, Christus unser Bruder, die Engel unsere Gefährten und wir Menschen untereinander Brüder« (Emil Frommel).

Weihnachten ist das Ende aller Einsamkeit. Gott besucht sein Volk. Der Heiland holt Heimatlose nach Hause. Sein Weihnachtsprogramm ist das Angebot: »Komm heim, denn die Tür zum Vaterhaus ist wieder offen.« Er will uns nicht abschreiben, er will uns ins Lebensbuch einschreiben. Wir sind Gott Weihnachten wert!

Weltangst nimmt ab, wo Gottesfurcht wächst. Wenn wir überleben wollen, müssen wir Gott die Ehre geben. Das Heil ist nur ein Gebet weit von uns entfernt. Die Brücke zur Heimat ist Bethlehem. »Advent und Weihnachten sind wie ein Schlüsselloch, durch das auf unseren dunklen Erdenweg ein Schein aus der ewigen Heimat fällt« (Friedrich von Bodelschwingh).

»Irgendwie zieht es mich an Weihnachten nach Hause ...«, hieß es auf dem Bahnhof. Der Nullpunkt muss zum Wendepunkt werden. Heimweh zur Heimkehr. Es gibt einen Weg nach Hause. Wir müssen zu Gott umkehren, wenn wir weiterkommen wollen.

Jung-Stilling, der fromme Freund und gebildete Gefährte Goethes, setzte den Seligpreisungen Jesu noch eine weitere hinzu: »Selig sind, die Heimweh haben. Denn sie sollen nach Hause kommen.« Das Geschenk Gottes gilt. Es gibt für uns alle eine Heimkehr, weil es eine Heimat gibt.

Wer sein Herz an Jesus verliert, der hat das Leben gewonnen. Er ist heil geworden. Wer zur Krippe geht, kehrt als Beschenkter zurück. Heimat hat, wer bei Christus zu Hause ist. »Weihnachten heißt: die hellen Lichter der Heimat sehen« (Friedrich von Bodelschwingh).

Ein Lied für Straßenkinder

Im Weimarer Waisenhaus steht seine Wiege. Jetzt wird es in allen Erdteilen der Welt gesungen. Was der Dichter für seine Sonntagsschulkinder schrieb, ist der Hit weltweit: »Oh du fröhliche ...«

Wohl in keinem Lied kommt so schlicht und klar die Weihnachtsbotschaft zum Klingen. Einfachheit und Tiefe liegen eng beieinander. Ein Lied, das Geschichte macht. Und ein Lied, das Geschichte hat.

Johannes Daniel Falk (1768–1826) hat es geschrieben, Sohn eines armen Perückenmachers aus Danzig. Ein städtisches Stipendium verhalf zu Abitur und Studium. Er besuchte Schiller in Jena und freundete sich mit Goethe in Weimar an. Über ihn verfasste er auch eine Biografie. Falk, dem christlichen Glauben entfremdet, arbeitete für verschiedene Zeitschriften. Seine Texte waren von beißender Ironie. Er schrieb Theaterstücke und gab die »Taschenbücher für Freunde des Scherzes und der Satire« heraus.

1806 erlebte er die Besetzung Deutschlands durch Napoleon. Das Jahr 1813 bedeutete für den spöttischen Gottesleugner von Weimar die Wende. Nach der Völkerschlacht bei Leipzig ging eine Seuche durchs Land. Vier seiner Kinder starben innerhalb weniger Wochen im Vorschulalter. Als dann auch noch seine älteren Kinder sterbenskrank wurden

und er selbst wochenlang zwischen Leben und Tod schwebte, klagte er: »Will das ein Gott der Liebe sein, der solches zulässt?« Für ihn schien er grausam und unbarmherzig. Doch diese schreckliche Zeit wurde für den Satiredichter Falk zum Segen Gottes. Seine Mutter hatte ihm den Glauben an Jesus Christus so überzeugend vorgelebt, dass er nun zum lebensrettenden Halt wurde. »Gott hat mir meine Kinder genommen, damit ich mich den verlorenen und heimatlosen zuwende.«

Resignation und Anklage wandelten sich zu einem Glaubensleben von großer Gewissheit und Ausstrahlung. Er gründete die »Gesellschaft der Freunde in Not«, nahm Waisenkinder auf und eröffnete schließlich den »Lutherhof« von Weimar.

Bis zu seinem Tod betreute Falk dort mehr als 500 Kinder, die er meist verwahrlost von der Straße holte. Einem Freund schrieb er: »Könnten

Sie uns sehen, Sie würden sich freuen und Gott preisen. Kinder von Räubern und Mördern singen Psalmen und beten ... die Liebe trägt den Sieg davon.« Nach diesem Modell schuf Johann Hinrich Wichern (1806–1881), der Begründer der neuzeitlichen Diakonie, später das »Rauhe Haus« in Hamburg.

Wie grundlegend sich Falks Leben verändert hatte, wie realistisch der Glaube seinen Alltag beeinflusste, kommt in einem Gedicht zum Thema »Vertrauen« zum Ausdruck: »Ihr Sorgen weicht – lasst mich in Ruh! Denn Gott will für mich sorgen.«

Und das Lied? Es entsprang dieser bewegenden Lebensgeschichte. »Der Freund in der Not« nannte Falk sein Kinderliederbuch 1819. Darin auch das Dreifeiertagslied »Oh du fröhliche«, von dem wir nur die weihnachtliche erste Strophe singen. Unsere zwei weiteren kamen erst später hinzu. Ursprünglich hat der Weimarer Waisenvater Falk auch Ostern (»Welt lag in Banden, Christ ist erstanden«) und Pfingsten (»Christ, unser Meister, heiligt die Geister«) besungen.

Ein alter Kirchengesang gab dafür die Melodie, deren Ursprung allerdings ein sizilianisches Fischerlied sein soll. »Ich sprach es den Kindern in der Sonntagsschule zweimal vor, da konnten es alle.« Heute kann es alle Welt. Vielleicht ist es die bewegende Geschichte, die den einfachen Strophen solch geheimnisvolle Überzeugungskraft gibt: »Welt ging verloren, Christ ist geboren: Freue, freue dich, oh Christenheit!«

24

Eine Festung wird erobert

Ausweglose Lage in Stalingrad. Klirrende Kälte im Kriegs-
winter 1942. Eingekesselt von den Russen, kaum Nahrung,
keine Hoffnung. Mehr als 300 000 deutsche Soldaten der 6.
Panzerarmee eingeschlossen. Nur 6000 sollten später ihre
Heimat wiedersehen.

Kurz vor Weihnachten setzt sich ein Militärarzt hin, zei-
chenbegabt und kunstinteressiert, um seine Kameraden zu
überraschen.

Er nimmt ein Stück Holzkohle aus dem Feuer. Mit dürftigen
Hilfsmitteln beginnt er, auf der Rückseite einer russischen
Landkarte zu zeichnen. Kurt Reuber, Pfarrer und Arzt, über-
zeugter Christ und Freund Albert Schweitzers, will seinen
verzweifelten Kameraden in der Festung Stalingrad Freude
und Hoffnung schenken.

Über den Heiligen Abend schreibt er: »Als ich nach altem
Brauch die Weihnachtstür, die Lattentür unseres Bunkers,
öffnete und die Kameraden eintraten, standen sie wie ge-
bannt, andächtig und ergriffen schweigend vor dem Bild an
der Lehmwand, unter dem ein Licht brannte ... und gedan-
kenvoll lasen sie die Worte: Licht, Leben, Liebe.«

Es schien so, als habe die Lebensbotschaft des Evangeliums
die Todesfestung von Stalingrad erobert. Die geheimnisvolle Kraft der guten Nachricht von Weihnachten vermag Aus-

1942   LICHT

WEIHNACHTEN IM KESSEL

LEBEN LIEBE

FESTUNG STALINGRAD

wegloses zu verwandeln, bringt Licht in die Dunkelheit. Auch die selbst gemachten Festungen von Hartherzigkeit und Hass, von Lieblosigkeit und fehlender Versöhnungsbereitschaft können durchbrochen werden.

Es war die »Madonna von Stalingrad«, von der solche Faszination ausging. Die Mutter mit dem Kind, eingehüllt von einem großen Tuch, ineinandergeschmiegt und geborgen. Mitten im Untergang von Leben und Hoffnung, abgeschnitten von der Heimat und dem Tode geweiht, dem Erfrieren und dem Verhungern preisgegeben: ein Lichtstrahl aus der ewigen Welt.

Mit der letzten Luftwaffenmaschine rettete ein schwer verwundeter Kommandeur die Zeichnung aus der Hölle von Stalingrad. Reuber selbst kam 1944 in einem russischen Lager um. Sein einzigartiges Bild, heute in der Berliner Kaiser-Wilhelm-Gedächtnis-Kirche zu sehen, ging um die Welt. Kaum eine Zeitung, die es nicht abdruckte.

»Wenn ich sagen könnte, wie mich diese Arbeit an der Madonna ergriffen hat ...«, schrieb Reuber in einem Brief. »Wenn man unsere Lage bedenkt, in der Dunkelheit, von Tod und Hass umgeben – und unsere Sehnsucht nach Licht, Leben, Liebe, die so unendlich groß ist, in jedem von uns.«

Licht

Weihnachten stellt uns von der Schattenseite des Lebens in das helle Licht der Ewigkeit. Ohne Weihnachten wäre unser Herz ohne Trost und voller Sorgen, die Weltgeschichte ein Irrgarten ohne Mittelpunkt. Jesus kommt in unsere Nacht, damit wir in sein Licht kommen können. Wir werden nicht hinters Licht geführt, sondern mitten ins Licht hinein. Nicht das Zwielicht von Neon und Mattscheibe, sondern die Positionslampe aus der Ewigkeit macht unser Leben hell. So kann aus Zwietracht Frieden werden. Licht schafft Klarheit: Schuld wird aufgedeckt, Dunkles wird offenbar. Licht ist das Ende von Kälte und Ausweglosigkeit: Orientierung ist möglich, Durchblick wird geschenkt. Es wird warm. Hoffnung ist geboren. »Doch es wird nicht dunkel bleiben über denen, die in Angst sind« (Jesaja 8,23). »Das Volk, das im Finstern wandelt, sieht ein großes Licht, und über denen, die da wohnen im finstern Lande, scheint es hell« (Jesaja 9,1). Uralte Prophetenworte, die immer wieder wahr werden.

Leben

Gott schickt das Leben in die Welt des Todes. Es beginnt eine neue Zeitrechnung. Nichts ist mehr wie vorher. Der Schöpfer wird Geschöpf. Der Herr der Geschichte eine Gestalt der Geschichte. Gott wird in Jesus Christus fassbar.

Nur in der Lebensgemeinschaft mit Jesus erfüllt sich der Lebensdurst des Menschen. »Ich bin gekommen, damit sie das Leben und volle Genüge haben sollen« (Johannes 10,10). »Herr, wohin sollen wir gehen? Du hast Worte des ewigen Lebens« (Johannes 6,68).

Liebe

Gott gibt uns nicht auf. Er gibt seine Liebe für uns ab. Er macht keine halben Sachen. In Jesus Christus hat seine Liebe Hand und Fuß. Mit ihm kam der Himmel auf die Erde. Er zieht ins Untergeschoss dieser Welt, um für jeden erreichbar zu sein. Er wird einer von uns. Christus kommt nicht im Sonntagsstaat, sondern mitten in unseren Alltagstrott. An dem Kind in der Krippe entscheidet sich unsere Zukunft: »Denn also hat Gott die Welt geliebt, dass er seinen eingeborenen Sohn gab, damit alle, die an ihn glauben, nicht verloren werden, sondern das ewige Leben haben« (Johannes 3,16).
Wer sein Herz an Jesus verliert, der hat Licht, Leben und Liebe gewonnen.

Väterworte zum Kindergeburtstag

Nachdenkliches zu Weihnachten

Das Heute der Freude

In jeder Freude liegt die heimliche Angst, sie könnte uns im nächsten Augenblick genommen werden. Wenn es überhaupt Freude geben soll für uns Menschen, große Freude, nicht nur flüchtigen Genuss, dann muss etwas geschenkt sein, was uns keine Macht der Erde rauben kann. Ein Glück, von dem uns nichts scheiden kann, das uns in jeder Lage offensteht, zu dem wir aus jeder Tiefe, aus jeder Verzweiflung heraus unmittelbar gelangen können. Es gibt nur eine einzige solche Freude in dieser dunklen Welt: »Euch ist heute der Heiland geboren!« (Karl Heim, 1874–1958; Universitätsprofessor)

Karriere nach unten

Man hält den Atem an: Der Schöpfer aller Wesen wird Geschöpf. Gott selbst wird in eine Biografie eingespannt. Ein bestimmter Tag im Lauf der Weltgeschichte wird sein Geburtstag. Unglaublich: Gott wird in Windeln gewickelt wie ein anderes Kleinkind. Gottes Selbstoffenbarung geschieht also als Selbstdemütigung. Gottes Weg gleicht einer Karriere nach unten, damit auch der Ärmste, der Gescheitertste, der Verlorenste sich nicht zu scheuen braucht, zu ihm zu kommen. Nun dürfen zahlungsunfähige Schuldner Mut zu Gott fassen und bei ihm sich aussprechen und sich ihm ausliefern. Christ, der Retter, ist da! (Paul Deitenbeck, 1912–2000; Pfarrer)

Durch die Lupe gesehen

Wenn mich an einer Stelle – eben dort, wo Jesus Christus diese Erde betreten und auf ihr gelebt hat – die Erscheinung der Liebe überwältigt, dann kann ich vertrauen, dass sie auch dort ist, wo ich den Ablauf des Lebens nicht mehr ver-

stehe. Im Bilde: Wenn ich ein schönes Gewebe durch eine Lupe betrachte, dann ist es um den Mittelpunkt des Glases ganz klar, an den Rändern aber beginnt es zu verzerren. Dadurch lasse ich mich aber nicht zu dem Irrtum verleiten, dass das Gewebe selbst sich hier verwirre. Ganz ähnlich ist es mit dem Erkenntniswunder, das mir das Weihnachtsfest schenkt: Sehe ich die Welt durch das Medium der Frohen Botschaft, dann ist in der Mitte Klarheit. Hier sehe ich das Wunder der Liebe, die sich in die Tiefe hineinschenkt. An den Rändern aber – jenseits des Weihnachtslichtes – herrscht Wirrnis und Verzerrung. Darum muss sich der Blick, der sich im Schweifen verirrt, immer wieder erholen und ausrichten, dem nur zu glaubenden und eben kaum zu glaubenden: dass Gott Mensch geworden ist und dass ich nun im Dunkeln nicht mehr allein bin. (Helmut Thielicke, 1908–1986; Theologe)

Welt ohne Weihnachten?

Nehmt einen Augenblick Jesus aus der Welt, nehmt das Kreuz von euren Kirchen und von den Altären und aus euren Herzen; denkt euch, ihr wäret belogen und betrogen worden; es ist kein Heiland geboren, es ist kein Erlöser gekommen, es ist nie der Himmel aufgetan über die Seufzer der Erde. Was ist dann? Dann hätte unsere Heimatstadt große Paläste, herrliche Schlösser, mächtige Bauten; Kunst und

Wissenschaft könnten in ihr blühen, aber die Gräber wären ohne Hoffnung und die Herzen ohne Trost. Gott sei gelobt, dass er für die tiefste Frage des Menschenherzens »Wo werde ich einst sein, wenn alles mich verlässt?« eine selige und voll befriedigende Antwort gegeben hat: »Euch ist heute der Heiland geboren!« (Hermann Bezzel, 1861–1919; Bischof in Bayern)

Geborgen im Dunkel

Ihr (lieben Eltern) habt uns durch Jahrzehnte hindurch so unvergleichlich schöne Weihnachten bereitet, dass die dankbare Erinnerung daran stark genug ist, um auch ein dunkleres Weihnachten zu überstrahlen. In solchen Zeiten erweist es sich eigentlich erst, was es bedeutet, eine Vergangenheit und ein inneres Erbe zu besitzen, das von dem Wandel der Zeiten und Zufälle unabhängig ist. Das Bewusstsein, von einer geistigen Überlieferung, die durch Jahrhunderte reicht, getragen zu sein, gibt einem allen vorübergehenden Bedrängnissen gegenüber das sichere Gefühl der Geborgenheit. (Dietrich Bonhoeffer, 1906–1945, in seinem Weihnachtsbrief 1943 aus dem Tegeler Gefängnis)

Mitten im kalten Winter

Bruder Laurentius, Mönch in einem Kloster an der Mosel bei Trier, hatte eine große Leidenschaft: die Musik. Wenn er in der schönen Klosterkirche spielte, dann flossen die Melodien wie Ströme ineinander. Was er selbst komponierte und improvisierte, war von den Werken der alten Meister nicht mehr genau zu unterscheiden.

An diesem Weihnachtsmorgen des Jahres 1587 ging der junge Mönch schon früh an die Pforte. Viele wurden zur Messe erwartet, sodass Bruder Laurentius bei Begrüßung und Wegweisung am Klostereingang Dienst tun sollte.

Auf dem Weg durch den Klostergarten – es hatte in dieser Nacht frisch geschneit – machte er eine ungewöhnliche, ja sensationelle Entdeckung. Er hielt den Atem an. Im Schutz der Brunnenmauer zwischen all den froststarren Zweigen stand eine Rose, unverblüht und nicht erfroren. Selbst der grüne Zweig hatte Eis und Schnee widerstanden.

»Seltsam«, dachte der Mönch bei sich, »eine blühende Rose mitten im kalten Winter.« Er schnitt sie behutsam ab, nahm sie mit in die Kapelle und legte sie dort auf den Altar. Gerade hatte die Messe begonnen. Als Laurentius auf der Orgelbank Platz nahm und zum Altar auf die frisch blühende Rose schaute, hörte er die Stimme des Priesters, der die weihnachtliche Lesung vortrug: »Und es wird ein Reis her-

vorgehen aus dem Stamm Isais und ein Zweig aus seiner Wurzel Frucht bringen. Auf ihm wird ruhen der Geist des Herrn« (Jesaja 11,1–2). Zufall? Für Bruder Laurentius war dieser Zufall höchstens das Pseudonym Gottes. Es war ein echtes Weihnachtswunder: diese Rose und dieses Wort.

Als die Christmette zu Ende war, blieb der Mönch an der Orgel sitzen, ließ die Buben nochmals kräftig die Bälge treten und begann zu spielen. Ein bekanntes Volkslied mischte sich mit eigener Komposition. Zu den Tönen kamen die Worte. Eins nach dem anderen. Zeile für Zeile fügten sich aneinander: »Es ist ein Ros entsprungen aus einer Wurzel zart ...« In seltener Harmonie brachte Laurentius sein morgendliches Rosenerlebnis und die uralten Prophetenworte zusammen. »Das Blümlein, das ich meine, davon Jesaja sagt, hat uns gebracht alleine Marie, die reine Magd; aus Gottes ew'gem Rat hat sie ein Kind geboren, welches uns selig macht.« Das »Catholisch-Trierische Christliedlein« sollte bereits wenig später zu den bekanntesten Weihnachtsliedern gehören.

Der neue Zweig aus dem Stamm Isais, des Vaters Davids, das ist Jesus. Das Kind aus der Königsstadt Bethlehem ist der neue Trieb am Stammbaum der alten Familie David. So wie der Frost die Rose von Trier schonte und der Zweig mitten im kalten Winter noch blühen konnte, so hat es schon Jesaja 700 Jahre vor Christi Geburt ins Bild gesetzt. Die weltpolitische Lage brachte damals für das Davidsreich Untergang, Vertreibung und Gefangenschaft. Der Prophet aber tröstete sein Volk mit der Verheißung Gottes: Der Baumstumpf wird einen neuen Zweig des Königshauses hervorbringen. Der wird die Geschichte bestimmen.

Sieben Jahrhunderte später erfüllen sich die Prophetien des Alten Testaments bis ins letzte Detail. Zufall? Das Kind Jesus, der Messias, Christus und Sohn Gottes, wird in Bethlehem geboren, in der Stadt Davids. Den Nazarener wird man ihn einst nennen, denn aufwachsen wird er in Nazareth in Galiläa. Der Name Nazareth wird abgeleitet von dem hebräischen Wort »neuer Zweig«.

Es beginnt eine neue Zeit. Eine Epoche von Hoffnung und Zuversicht. Ganz wie es Jesaja schaute.

Denn sein Bild konnte jeder im ländlichen Israel sofort entschlüsseln: Der Baumstumpf mit dem fruchttragenden Spross ist das Symbol für neues Leben. Ein Leben, das dem Tod keinen Raum mehr gibt.

Der weite Blick geht von der Krippe zum Kreuz, von Golgatha zum leeren Grab. Christus lebt! »Ich bin die Wurzel und das Geschlecht Davids«, bezeugt Jesus selbst auf der letzten Seite der Bibel (Offenbarung 22,16). Das Kind in der Krippe ist der Erlöser der Welt: »Wahr' Mensch und wahrer Gott, hilft uns aus allem Leide, rettet von Sünd und Tod.«

Oh wie lacht

Es ist Adventszeit. Dorothee ist gerade ein halbes Jahr in der Schule. Jetzt bin ich zu Besuch. Natürlich interessiert mich Dorothees neues Leben als Schülerin brennend. Sie erzählt bereitwillig und lässt keine Frage unbeantwortet. Lesen und Rechnen – das macht ihr besonderen Spaß. Im Sport ist sie bereits die Klassenerste. In die Musikstunde geht sie auch gern. »Und was lernt ihr gerade im Religionsunterricht?«, will ich wissen. »Hört ihr die Geschichten aus der Bibel?« – »Ja, ja«, antwortet Dorothee eifrig. »Erst hat Frau Stöckel uns erzählt, wie Maria und Josef nach Bethlehem mussten. Dann vom Jesuskind in der Krippe. Und jetzt die Geschichte von Jesus und dem Nikolaus.«

Jesus und der Nikolaus? Da muss ich doch stutzen. »Ist das denn auch eine Geschichte aus der Bibel? Hat Frau Stöckel euch das so erzählt?« – »Na ja«, meint Dorothee mit deutlich gönnerhaftem Unterton, »wenn sie's halt glaubt ...«

Wenn Dorothee berichtet, was sie im Religionsunterricht gehört, verstanden und behalten hat, dann fallen mir viele »Missverständnisse« ein: Da müht sich eine junge Lehrerin, ihren Zweitklässlern die Berichte des Neuen Testaments nahezubringen. Gegen Ende des Schuljahres hat sie ihre Lehramtsprüfung. Eine ehrwürdige Delegation dunkel gekleideter Männer betritt die Klasse. Allen voran der Schulrat. Die

Lehrerin hat keine Sorge. Ihre Schüler sind gut vorbereitet und beherrschen den Stoff. »Was war denn der Petrus von Beruf?« Sie stellt zu Beginn der Unterrichtsstunde eine – wie sie denkt – leichte Frage. Pustekuchen! Schweigen in der Klasse. »Fabian, was meinst du denn?«, fragt sie in ihrer Ratlosigkeit ihren besten Schüler. Der antwortet wie aus der Pistole geschossen: »Polizist!«

Du meine Güte! Die Lehrerin ringt nach Fassung. Sie sieht ihr ganzes pädagogisches Können in Frage gestellt. Polizist?! »Wie kommst du denn darauf, Fabian?« – »Na ja, Sie haben uns das doch erzählt. Als Petrus anfing, dem Herrn

Jesus nachzufolgen, da hat der zu ihm gesagt: Von nun an
sollst du Menschen fangen ...« Kinder, Kinder!

In einer anderen Religionsstunde sprechen die Kinder über
die Geschichte vom Sündenfall. (1. Mose 3). Der Lehrer erklärt alles genau. Dann kommen sie zum Vers 19, als Gott
zu Adam sagt: »Im Schweiße deines Angesichts sollst du
dein Brot essen.« – »Und was bedeutet das?«, will der Lehrer wissen. Der kleine Thomas streckt sofort den Arm und
sagt: »Er soll so lange essen, bis er schwitzt.«

Eine andere Begebenheit spielt in der Adventszeit. Da lässt

die Religionslehrerin ihre Kinder die Weihnachtsgeschichte malen. Sie sollen zeichnen, wie sie sich die Situation im Stall von Bethlehem vorstellen. Eifrig gehen die Schüler ans Werk. Da werden Sterne und Stroh, Tiere und Tannenbäume gemalt. Sogar ein Gabentisch ist auf einem der Bethlehem-Bilder zu erkennen. Eine Zeichnung jedoch versteht die Lehrerin überhaupt nicht. Sie geht zu Patrizia und fragt, was denn das bedeuten soll: »Da sehe ich das Jesuskind in der Krippe. Daneben Maria und Josef. Aber wer ist denn das, der da mit lachendem Gesicht neben ihnen steht?« – »Das ist Ohwie«, erklärt Patrizia. Ohwie? Da ist die Lehrerin ratlos. Davon hat sie noch nie etwas gehört. »Wie kommst du denn darauf?« – »Ja, wir haben doch das Lied ›Stille Nacht, heilige Nacht‹ gesungen. Und da heißt es: ›Alles schläft, ohwie lacht ...‹«

Ja, Kinder haben ihre eigene Art, Dinge zu begreifen. Sie lassen ihre Fantasie spielen und sind oft von einer bestechenden Logik. Sie machen sich ihre Gedanken und prägen sich das einmal Verstandene fest ein. Deshalb ist es wichtig, Kindern schon früh biblische Geschichten zu erzählen. Gerade im Prägealter sollten wir ihnen das Evangelium von Jesus Christus anschaulich weitersagen. Die Kinderbibel hat Vorrang vor Comics und Märchenbuch.

Ich bin oft entsetzt, wie resigniert viele Eltern und Kindergottesdiensthelfer sind: »Gegen das Fernsehen kommen wir doch nicht an …« Ach wenn sie wüssten! Wie spannend können doch die Berichte der Bibel sein. Wie packend habe ich so manche Jungschar- oder Kinderstunde heute noch in Erinnerung. Wie vieles ist von dem haften geblieben, was ich in Kindertagen aus der Bibel gehört habe.

In der Bibel stehen keine »Geschichten«, also Sagen und Legenden. Hier geht es um Geschichte, um historische Tatsachen. Wenn wir Kindern den Inhalt der Bibel erzählen, so soll das jedoch vor aller Wissensvermittlung dieses bewirken: das kindliche Vertrauen in den großen Kinderfreund Jesus Christus. Die Liebe zu Jesus muss vorgelebt und geweckt werden. Erziehung ist Hilfe zu einem erfüllten Leben. Deshalb ist Erziehung auch immer Glaubenshilfe.

Ein Lied geht um die Welt

Für den jungen Hilfsprediger Joseph Mohr (1792–1848) war es eine echte Herausforderung. Der Vorabend des 24. Dezember 1818 musste es bringen. Noch kurze Zeit bis zur Christmette. In der Pfarrkirche St. Nicolai in Oberndorf bei Salzburg war die Orgel defekt. Für den Lehrer und Organisten Franz Gruber (1787–1863) ein Albtraum. Weihnachten ohne Lieder? Undenkbar! Also musste schnell ein neues Lied her, das mit der Gitarre zu begleiten war. Der Schulmeister wollte die Melodie schon schreiben, wenn er nur einen Text hätte. Dazu war höchstens der Pfarrer in der Lage. Und der quälte sich

nun den lieben langen Tag. Er legte Holz ins Feuer, kochte sich ein Tässchen Tee, schnitt sich einen Federkiel zurecht und stellte sich vor sein Schreibpult. Doch auch diesmal blieb das Papier leer. Was er endlich schrieb, wurde genauso schnell verworfen. Der Fußboden war bald bedeckt mit den Papierkugeln seiner Geistesblitze. Auf Kommando ließ sich eben kein Lied machen.

Es wurde Abend. Nur eine Kerze erleuchtete das Studierzimmer des Priesters. Durch die vereisten Fenster waren die Schatten des tief verschneiten Dorfes zu sehen; die erleuchteten Fenster strahlten Ruhe aus. Längst waren die Leute in ihren Häusern. Adventliche Stille lag über dem Salzburger Land.
Stille Nacht ...

Plötzlich vereinigte sich für Joseph Mohr, den jungen Pfarrer, die erlebte Stimmung mit dem Geschehen in Bethlehem. So muss es damals auch gewesen sein in den judäischen Bergen. Kalte, stille Nacht. Einsamkeit im Stall am Rande der Stadt. Hirten werden aus ihrer Nachtruhe gerissen: Christ, der Retter, ist da! Der holde Liebreiz des Neugeborenen weist bereits nach Golgatha, »da uns schlägt die rettende Stund«. Krippe und Kreuz, Geburt und Tod gehören untrennbar zusammen.

Ein Lied floss aus der Feder, das die Herzen der Welt erobern sollte. Zunächst war es die Rettung der Christmette von Oberndorf. Zwei Solostimmen und Chor mit Gitarrenbegleitung trugen zum ersten Mal das Lied vor. Seitdem gehört es zum festen Bestandteil des weltweiten Weihnachtsfestes: »Stille Nacht, heilige Nacht«.

Nach dem Gottesdienst sagte Grubers Frau Elise zu ihrem Mann, dem Komponisten: »Du, Franzl, das Lied wird man noch singen, wenn wir zwei längst gestorben sind.« 1833 trugen es die Zillertaler Geschwister Strasser in Leipzig vor. Fünf Jahre später stand es bereits im dortigen Kirchengesangbuch. Es dauerte nicht lange, da war es weltweites Allgemeingut.

Für manchen ist es zum Un-Lied geworden. Eine schmalzige Schnulze ohne Aussage sei es, verurteilt man ahnungslos in pseudoelitärem Gehabe. Wirklich? Ist es nicht vielmehr ein

Ausdruck realistischer Zärtlichkeit, wenn das Kind Jesus so betrachtet und beschützt wird, wie wir es mit einem Neugeborenen auch tun?! Wie überwältigend und geradezu rührend kann die Ausstrahlung sein, die von einem Baby ausgeht! Umso klarer dann die Botschaft dieses Kindes: »Christ, der Retter, ist da!« Umso unfassbarer seine Bedeutung: »Da uns schlägt die rettende Stund, Christ, in deiner Geburt.«

Mehr als ein Weihnachtsplätzchen

Heiligabend in einer süddeutschen Gemeinde. Die Kirche ist bis auf den letzten Platz besetzt, das Laienspiel der Konfirmanden bis ins letzte Detail vorbereitet. Es soll ein richtiges Krippenspiel werden. Mit allen Personen, die damals in Bethlehem dabei waren. Maria und Josef natürlich. Dazu Hirten, Engel und die drei Weisen. Und der Wirt – die Person, die eine so entscheidende Rolle spielt, ohne dass sie je zu sehen ist. Der Chef jenes gastronomischen Unternehmens, von dem es seit 2000 Jahren heißt: Und es war kein Raum in der Herberge.

Michael hat diese Rolle übernommen. Die ganze Woche hat er auf diesen Abend hin geprobt. Er hat nur einen einzigen Satz zu sagen. Aber der ist wegweisend für die ganze Geschichte. Der Pfarrer gibt noch einmal genaue Regieanweisungen: Auf der Bühne im Altarraum steht eine Tür. An diese Tür klopfen Maria und Josef. Michael hat sie zu öffnen, während das Verlobtenpaar aus Nazareth um ein Quartier fleht: »Meine Frau ist hochschwanger. Wir brauchen unbedingt ein Zimmer.« Michael, der Wirt, soll barsch und schneidend antworten: »Alles besetzt! Für das Jesuskind ist hier kein Platz!« Damit soll er die Tür zuknallen.

Nur ein einziger Satz. Aber für den Jungen wird er zur Qual. Er kann es einfach nicht begreifen, dass er diesen Satz sagen soll. Ja, dass es diesen Satz überhaupt gibt. »Kein Platz für Jesus.« Er spricht mit dem Pfarrer darüber. »Ich kann es nicht verstehen, denn Jesus hat doch nur Gutes getan. Er hat allen Menschen geholfen und hat niemandem wehgetan. Warum muss ich dann sagen: ›Weg mit ihm! Hier ist alles besetzt!‹?«

Der Pfarrer versucht, die Situation von damals zu erklären. Dennoch: Diesen Satz bekommt Michael weder in seinen Kopf noch über die Lippen. Je näher der Heilige Abend rückt, desto aufgeregter wird er.

Das Krippenspiel beginnt. Schließlich stehen Maria und Josef, ausgezehrt von der langen Reise und am Ende ihrer

Kraft, vor der Tür seiner Herberge. Sie klopfen und Josef sagt seinen einstudierten Text. »Meine Frau ist hochschwanger. Wir brauchen unbedingt ein Zimmer.« Michael, in der Rolle des garstigen Gastwirts, sagt mit liebevoll-einladender Stimme, indem er die Tür weit aufmacht. »Aber ja! Kommt nur herein. Für euch und das Jesuskind habe ich immer Platz!«

Viele in der Kirche halten den Atem an. Sie alle wissen, was auf dem Spiel steht. Jetzt kann die Geschichte nicht mehr so weitergehen, wie alle sie kennen. Der Satz, den Michael da als Wirt gesprochen hat, hallt ihnen in den Ohren: »Kommt nur herein! Für Jesus ist immer Platz.« Michael ist sichtlich erleichtert und strahlt über beide Backen. Der Pfarrer aber, um das Krippenspiel zu retten, unterbricht. »Sie alle wissen«, sagt er, »dass das eben nicht so gewesen ist ...« Ja, in Wirklichkeit war es ganz anders. »Er kam in sein Eigentum; und die Seinen nahmen ihn nicht auf« (Johannes 1,11), heißt es von Jesus Christus. Hat sich das geändert? Machen wir's heute nicht auch so wie jener Wirt von Bethlehem und hängen das Schild »No room« vor unsere Haustür? Kein Platz für Jesus. Wir wollen eben nicht, dass er unsere Kreise stört. Wir sind ausgebucht mit anderen Dingen. Unsere Lebensräume gestalten wir selbst. Wir haben uns so schön eingerichtet. Ausgerichtet auf ihn aber kann unser Leben nur sinnvoll und erfüllt werden.

Die Lösung seines Wohnungsproblems ist die Lösung unseres Lebensproblems. Hätte Jesus bei uns mehr Platz, so hätten wir weniger Probleme. Jesus will mehr als nur ein kleines Weihnachtsplätzchen. Er will weder in der frommen Ecke noch vor der Tür stehen. Er will hineingebeten werden:

Mit dir selber, mein Befreier,
will ich halten Weihnachtsfeier;
komm, ach komm ins Herz hinein,
lass es deine Krippe sein.

(Emil Quandt, 1911)

Friede auf Erden

Kein Begriff ist mit Weihnachten so verknüpft wie dieser. Er ist das Hauptwort in der Botschaft des Heiligen Abends: Friede. Wie in einem Brennglas wird die Ursehnsucht des

Menschen hier zusammengefasst. Wir sehnen uns nach einem heilen Leben, nach tiefer Ruhe. Wir wollen letzte Geborgenheit. Einen Frieden, der mehr ist als bloße Stimmungslage. Mehr auch als Abwesenheit von Krieg.
Schon 700 Jahre vor der Geburt Jesu sagt der Prophet Je-

saja treffsicher voraus: »Denn uns ist ein Kind geboren ... und er heißt ... Friede-Fürst; auf dass seine Herrschaft groß werde und des Friedens kein Ende« (Jesaja 9,5–6). Sieben lange Jahrhunderte wartet das Volk Israel, dass aus Worten Taten, aus Verheißung Erfüllung werde. Mitten in der Unruhe der Herzen und im Unfrieden der Zeit ist alle Sehnsucht in diese Hoffnung zusammengeballt: Es müsste endlich der Messias kommen, der Christus, der Heiland, der Erlöser, der Friedefürst.

Als es endlich so weit ist, zur Zeitenwende in Bethlehem, da weist der Stern zum Stall und die Engelsbotschaft zum Kind: »Ehre sei Gott in der Höhe und Friede auf Erden« (Lukas 2,14). Die Nachricht vom Frieden in Christus war von solcher Wichtigkeit, dass es selbst die Engel nicht mehr im Himmel hielt. Die Geburt Jesu geschieht zwar im letzten Winkel dieser Welt, aber ihre Bedeutung sprengt alle Dimensionen.

Was da in Windeln gewickelt in einer Krippe liegt, ist kein gewöhnliches Baby. Es ist der Friede in Person. So wird es Jahrzehnte später der Apostel Paulus, Gigant des Geistes und Grundsteinleger des abendländischen Europas, auf diese Formel bringen: »Er ist unser Friede« (Epheser 2,14). 2000 Jahre sind vergangen. Zeit zur Bilanz. Zu Beginn des dritten Jahrtausends muss die Frage erlaubt sein: Hat Jesus Christus dieser Welt tatsächlich den Frieden gebracht? Oder hat er seinen Mund zu voll genommen? Passen Anspruch und Wirklichkeit zusammen? Oder klaffen sie nicht angesichts irdischer Probleme himmelweit auseinander? Seit dem Heiligen Abend von Bethlehem hat es nicht einen Tag gegeben, an dem die Waffen geschwiegen hätten.

Blut und Tränen fließen wie ein Leidensstrom durch die Weltgeschichte. Millionen Menschenleben allein nach dem Zweiten Weltkrieg als tödlicher Preis von Hunger, Terror und Chaos. Auch an diesem Weihnachtsfest sind Millionen auf der Flucht. Während wir stimmungsvoll das Christkind feiern, ereilt Tausende von Kindern der qualvolle Hungertod. Friede? Und im eigenen Land? In Familie und Gesellschaft? Weihnachten ist für viele ein Tag erzwungenen Waffenstillstands. Hass und Streit flammen wieder auf, wenn die Kerzen erloschen sind. Wenn die himmlische Stimmung verflogen ist, hat die Hölle des Alltags uns wieder im Griff. Ist der Weihnachtsfriede also eine fromme Illusion? Bloße Gefühlsduselei? Ein geschicktes Ablenkungsmanöver von der Realität alltäglicher Sorgen? Nein! Die Botschaft der Engel von Bethlehem bringt es auf den Punkt: Friede auf Erden und Gott die Ehre geben gehören untrennbar zusammen. Gottesfurcht und Erdenfrieden sind zwei Seiten einer Medaille.

Wo Gott nicht geehrt wird, kann kein Friede sein. Meine Friedensfähigkeit hängt also entscheidend davon ab, ob ich mit Gott im Reinen bin. Wen wundert da noch das Gesicht, das unsere Welt heute bietet? Wer Frieden haben will, der muss der Sünde den Krieg erklären. »Suchet den Herrn, so werdet ihr leben« (Amos 5,6).

Der Friede von Bethlehem ist nicht die Abwesenheit von Krieg, sondern die Anwesenheit von Gott. Irdischer Friede kann jederzeit vergehen. Die Welt bietet höchstens Zufriedenheit. Jesus schenkt echten Frieden. Zufriedenheit reicht nur, solange unsere Ansprüche befriedigt sind. Was bleibt, ist Sehnsucht.

Friede ist allen Menschen angeboten. Die Versöhnung mit Gott schafft eine neue Lebensqualität. Wer Jesus annimmt, holt Frieden in sein Leben. Er wird selbst zum Friedensstifter. Denn Frieden kann nur haben, wer ihn weitergibt. Die Sternstunde des eigenen Lebens, die Begegnung mit Jesus, muss in meine Umgebung abstrahlen als Atmosphäre des Friedens. »Schalom!« So grüßt man sich in Israel: »Friede sei mit dir!« Ein einziges Wort mit tiefster Bedeutung. Friede und Heil gehören zusammen. Der Friedensstifter Jesus Christus ist der Heilsbringer für die Welt. »Denn euch ist heute der Heiland geboren« (Lukas 2,11). Im Heil Gottes ist der Grund für echten Frieden gelegt.

Wer mit Gott im Reinen ist, kann mit den Menschen im Frieden leben. Gewalt und Angst sind Feinde des Friedens. Sich voreinander fürchten, sich untereinander bekriegen und wehtun. Vertrauen muss Raum greifen können. Wo Vertrauen herrscht,

weicht die Angst. Weltangst nimmt ab, wo Gottesfurcht wächst.
Mitten in einer friedlosen Welt bin ich von Gott umfriedet.
Wie ein Schutzwall wirkt seine bergende Hand. Dieser Frie-
de ist keine Muss-Stimmung im Menschen, sondern ein Ist-
Zustand aus Gott. Er gilt im Streit unserer Zeit genauso wie
im Kampf der letzten Stunde. Wir brauchen ihn weder zu ver-
wirklichen noch zu entwickeln. Wir müssen ihn einfach nur
»auswickeln«. Denn er ist ein Geschenk. Das große Weih-
nachtsgeschenk des Gottessohnes an uns Menschenkinder.
Friede ist Faktum. Friede hat einen Namen: Jesus Christus.
Er ist eine Person, der man seit Bethlehem begegnen kann.
Das schafft Ruhe für unruhige Herzen. Das bringt Gelassen-
heit in den Stürmen des Alltags. Keine Friedhofsruhe, sondern letzte Geborgenheit. Keine Beruhigung, sondern Be-
wahrung in Gottes Hand. Wenn wir Gott alles übergeben,
können wir in Frieden leben!

Komm in unsre stolze Welt,
Herr, mit deiner Liebe Werben.
Überwinde Macht und Geld,
lass die Völker nicht verderben.
Wende Hass und Feindessinn
auf den Weg des Friedens hin.

(Hans Graf von Lehndorff, 1968)

Wenn Geheimnisse
Geschenke werden

Es ist auf dem Flug LH 762 von Frankfurt nach Hamburg. Wenige Tage noch bis Weihnachten. Im Abfertigungsgebäude von »Rhein-Main« brennen die vier Kerzen am riesigen Adventskranz. In der Maschine weisen geschmückte Tannenzweige auf das bevorstehende Fest. Das Flugzeug ist vollgepfropft mit voll bepackten Passagieren. Dass es jedoch nicht nur Geschenkpakete sind, die sie mit sich schleppen, merke ich schnell.

Neben mir sitzt ein Industriemanager. Seit dem Start höre ich ihn nun schon, wie er auf der Tastatur seines Laptops unermüdlich die ganz große Wichtigtuer-Sinfonie abspielt. Als er den Dauertanz seiner Finger unterbricht, kommen wir ins Gespräch.

Die übliche Frage nach dem Wohin beantwortet er denkbar knapp. »Eine Woche Sylt.« – »Sicher zur Familie«, rutscht es mir heraus. Da beginnt er plötzlich zu erzählen, erst schleppend, dann wie ein Fluss: von den Trümmern seiner Ehe, der Krise seiner Firma und all den Pleiten seines Lebens. Als habe er darauf gewartet, dass Gespräche einmal nicht nur an der Oberfläche plätschern.

Da sitzt er neben mir, Traumjob und Traumziel, bepackt mit keinem einzigen Geschenk – aber belastet mit Sorgen und bitterer Lebensangst. Weihnachten allein auf Sylt? »Ach, was soll mir Weihnachten?« Resignation steht auf einem Gesicht geschrieben, das im Alltag den Erfolgreichen mimen muss. Keine Freude zum Fest der Liebe, weil der Friede fehlt. Die 55 Minuten verfliegen viel zu schnell. Dennoch wird es ein intensives Gespräch. Er berichtet von früher. Wie er Weihnachten als Kind erlebt hat und wie sie den Heiligen Abend dann mit den eigenen Kindern gefeiert haben. Wie schön es war, wenn sich die Tür zum festlich geschmückten Wohnzimmer öffnete und alles erfüllt war von einem heimlichen Glanz. »Ein eigentümliches Geheimnis liegt auf Weihnachten«, meint er gedankenverloren.

»Lohnt es sich nicht, dieses Geheimnis zu lüften?«, frage ich. Sollte man nicht die Verpackung öffnen und die Türen aufschließen, die uns den Blick versperren? Drei Türen sind es, die es aufzumachen gilt:

Die Tür zum Weihnachtszimmer. Schon Tage vorher fehlen die Schlüssel an den Schränken. Den ganzen Heiligen Abend ist dann das Zimmer völlig verschlossen. Es raschelt, knistert und duftet. Geheimnisvolle Dinge werden verpackt und verhüllt hineingetragen. Als Kind kann man's gar nicht abwarten. Nur als Kind? Obwohl man ganz genau weiß, wo der Tannenbaum steht, wie er geschmückt ist und welche Wünsche der Gabentisch erfüllt – eine merkwürdige Erwartung erfasst einen bis heute.

Hochspannung, wenn die Mutter mit dem Glöckchen bimmelt, die Tür weit öffnet und einem das Weihnachtszimmer mit einem hellen Leuchten entgegenstrahlt. »Wie wird dann die Stube glänzen von der großen Lichterzahl, schöner als bei frohen Tänzen ein geputzter Kronensaal.«

Dann werden Geheimnisse gelüftet. Mit einem Schlag wird offenbar, was wochenlang verhüllt und verschlossen die Neugierde beflügelt hat. Sind die Wünsche in Erfüllung gegangen? Sind sie gar übertroffen worden? Mit einem Mal werden aus Geheimnissen Geschenke. Wenn aus Geheimnissen Geschenke werden, dann ist Weihnachten. Es ist schon eine aufregende Sache, wenn die Tür zum Weihnachtszimmer aufgeht. »Man sagt, die Gesichter in dieser Nacht seien anders als sonst. Denn sie erwarten ein Wunder« (Antoine de Saint-Exupéry). Dieses Wunder ist hinter einer anderen Tür verborgen, die es ebenfalls zu öffnen gilt. Nur so kommen wir dem Eigentlichen, dem Hintergrund des Christfestes auf die Spur:

Die Tür zum Weihnachtsgeschehen. Alles, was mit Jesus Christus und seiner Geburt zu tun hatte, war ja auch ein Geheimnis. Beim Gang durch die Jahrhunderte vor der Zeitenwende ließe sich die allgemeine Stimmungslage in einem einzigen Wunsch zusammenfassen. Die Generationen hatten nur eine einzige Sehnsucht: dass doch endlich der Messias käme, der Retter, der Heiland. Da sitzen die Juden an den

Wassern Babylons und weinen. Und sie trösten sich im heidnischen Exil mit dem göttlichen Geheimnis: Es wird einmal einer kommen, der wird dem Gesetz des Todes und der Schuld ein Ende setzen.

Fast 3000 Jahre später können wir es heute noch nachlesen. Micha und Jesaja, Hesekiel und Jeremia – viele Propheten mit einer Botschaft: Gott lässt euch nicht im Stich. Gott hat euch nicht vergessen. Er hat euch nicht abgeschrieben. Alle die Verheißungen, die wir in diesen Weihnachtstagen hören, haben ganze Generationen ermutigt, aufgerichtet und getröstet. Es wird einer kommen, der heißt »Wunder-Rat, Gott-Held, Ewig-Vater, Friede-Fürst« (Jesaja 9,5). Ein großes Geheimnis. Und mit einem Mal wird es gelüftet. Große Verheißungen. Plötzlich kommt die Erfüllung. Wenn Verheißungen Erfüllung werden, dann ist Weihnachten.

Da wird uns eine Tür aufgestoßen und der Blick geht nicht in einen lichtdurchfluteten Saal, sondern in das Elend eines Stalles. Aber über aller Armseligkeit liegt das heimliche Glänzen: Hier, in diesem Kind, wird uns armen Menschen die Seligkeit geboren. Wenn man je ein Ereignis historisch nennen kann, dann dieses. Gott zerbricht die Mauer der Schuld und öffnet den Eisernen Vorhang des Todes. Völker der Welt, seht auf diesen Stall, auf diese Krippe, auf dieses Kind! Wenn die Weltpresse berichten muss – dann jetzt. Wenn es

gilt, die Mächtigen ins Bild zu setzen – dann jetzt. Jetzt, beim Kommen des ewigen Gottes, der in einem Kind Frieden und Seligkeit bringt.

Bis heute gibt es diese Tür zum Weihnachtsgeschehen nicht nur im übertragenen Sinne. Die Geburtskirche zu Bethlehem, die älteste noch genutzte Kirche der Erde, birgt die Grotte, in der Gott in Jesus zur Welt kam. Schon seit dem ersten Jahrhundert wird dieser Ort verehrt. Zehn Kilometer südlich der Hauptstadt Jerusalem. So, wie es die Propheten vorausgesagt haben (zum Beispiel Micha 5,1).

Der Zugang zu dieser imposanten Kirche hat Symbolcharakter. Die Tür zum Weihnachtsgeschehen ist ein schmaler Einlass von 120 x 80 Zentimeter. Diese winzige Öffnung ist geblieben, nachdem man in alter Zeit aus Angst vor Eindringlingen die großen Portale vermauert hat. Millionen Touristen und Pilger, die aus aller Welt nach Bethlehem kommen, müssen sich seitdem bücken, um die Kirche durch diese niedrige Tür zu betreten.

Ein israelischer Reiseleiter sagte mir einmal den tiefsinnigen Satz: »Nun muss sich also jeder, der die Geburtsstätte Christi betreten will, vor ihm verneigen. Sei es Bettler oder König.«

Manfred Siebald beschreibt die Menschwerdung Gottes in einem Lied so: »Gott kommt nicht zur Welt durchs große Tor – durch die Hintertür kommt er.« Weiter heißt es: »Kleine

Leute gehn durch Gottes Tor, und große Leute werden klein. Kommt, wir gehen zu dem Kind im Stall – nur wer klein ist, passt hinein.«

Dieses Lied bleibt also nicht im Vordergründigen stehen. Denn wer durch die »Demutspforte von Bethlehem« gekrochen ist, der ist ja noch lange nicht beim Eigentlichen.

»Wird Christus tausendmal zu Bethlehem geboren und nicht in dir: Du bleibst noch ewiglich verloren« (Angelus Silesius). Damit es auch bei uns Weihnachten wird, müssen wir eine dritte Tür öffnen, die entscheidende:

Die Tür zum Weihnachtserleben, die Herzenstür. Der Heilige Abend von Bethlehem ist eine Einladung an uns Menschen. Die Einladung, sich Gott zu öffnen. Ihn ins Herz, also ins Zentrum des Lebens mit Verstand, Willen und Gefühl, einzulassen. Nur so lässt sich das Geheimnis von Weihnachten erfassen: Licht, Leben, Liebe, Freude, Friede.

»Weihnachten ist die Tür in Gottes heiliges Land. Da hört man heimatliche Klänge, da wird die Sprache der Herzen gesprochen. Macht uns Gott durch die Weihnachtsbotschaft neu zu seinen Kindern, dann verwandelt sich die Welt. Über ihrer Not leuchtet die Sonne seines Erbarmens« (Friedrich von Bodelschwingh).

Die Freude der Christnacht ist dann keine Sache des Kalenders mehr, sondern des Herzens. Jesus kam in Raum und Zeit, damit wir ihm in unserem Herzen Raum geben. An Hei-

ligabend hat sich Gott auf unsere Seite gestellt, damit wir in sein Licht treten können. So kann der Geburtstag Christi zur Geburtsstunde unseres Lebens werden.

Komm, oh mein Heiland Jesu Christ,
meins Herzens Tür dir offen ist.
Ach zieh mit deiner Gnade ein;
dein Freundlichkeit auch uns erschein.
Dein Heil'ger Geist uns führ und leit
den Weg zur ew'gen Seligkeit.
Dem Namen dein, oh Herr,
sei ewig Preis und Ehr.

(Georg Weissel, 1642)

Und was bleibt?

Was bleibt eigentlich nach Weihnachten von Weihnachten? Komische Frage. Das Fest liegt doch noch vor uns. Warum sollte ich mir jetzt schon darüber Gedanken machen, was nach Weihnachten ist? Was glauben Sie, was ich bis zum Heiligen Abend noch alles zu tun habe ...

Dennoch: Was bleibt denn nun, wenn das Fest vorüber ist? Das schlechte Gewissen, dass man bei Gans und Stollen wieder mal anständig zugelangt hat? Wachsflecke und Tannennadeln auf dem schönen Wohnzimmerteppich? Was bleibt? Der Stress mit dem Umtauschen und die peinigenden Selbstzweifel, Tante Erna angesichts ihres großzügigen Pakets doch zu wenig geschenkt zu haben?

»Hoffentlich haben Sie sich bis zur nächsten Sendung vom Weihnachtsfest erholt.« So verabschiedete sich der Moderator eines monatlichen Politmagazins von den Fernsehzuschauern. Erholt ... Wovon? Ist Weihnachten denn Stress? Machen Schenken und Beschenktwerden denn nicht Freude? Ist das Fest der Familie nicht ein Lichtblick im täglichen Kampf gegen Alleinsein und Alltagstrott?

Weihnachten als Abwehrkampf gegen Kalorienbomben und Siegesfeier über erbeutete Geschenke? Viele sehen eben nur den Vordergrund, wie sie bei vielen Dingen nur die Oberfläche, nicht aber den Hintergrund erkennen. Ein wenig Sehn-

sucht nach Schnee und Stimmung, nach Kerzen und Stollen. Das war's. Aber dann kann plötzlich jemand sagen: »Merkwürdig, man starrt die Lichter an, kriegt etwas Glanz in die Augen und macht sich seltsame Gedanken. Das ist eigentlich alles. Und ich weiß nicht, ob das genug ist.«

Da hat einer gemerkt, dass der Vordergrund nicht trägt. Die Weihnachtsfassade blättert: Kerzen verlöschen, statt Schnee rieseln Tannennadeln, die Musik wechselt Richtung Silvester, der Alltag hat einen wieder. Aber man sitzt da mit seinen Gedanken: Das kann doch nicht schon alles gewesen sein. Es heißt zwar »Fest der Liebe«, aber die alten Wunden

sind geblieben. Es wird zwar »Fest der Familie« genannt, jedoch bleibt man entfremdet wie zuvor.

Das Leben geht weiter. Unerbittlich. Stimmung verfliegt. Nur das Echte zählt. Nicht die Oberfläche, sondern der Hintergrund. Wir feiern Weihnachten, weil Gott uns das größte Geschenk macht: seinen Sohn, den Heiland. Er bringt den Himmel auf die Erde. Weihnachten ist Wendezeit.

Wir rechnen die Jahre neu und vergessen die alten Kalender. Eine einzige Nachricht – aber sie wandelt die Welt: »Denn euch ist heute der Heiland geboren« (Lukas 2,11). Eine einzige Person – aber sie verändert die Menschen. »Christ, der Retter, ist da!«

Deshalb ist Weihnachten als Wendepunkt aller Zeiten der Höhepunkt aller Feste. Christi Geburt ist der Tiefpunkt der Liebe Gottes: Der Herr dieser Welt lässt sich in die Niedrigkeit herab. Göttliche Liebe wird menschliche Person. Der amerikanische Apollo-15-Astronaut James Irwin sagte nach seinem legendären Mondspaziergang: »Es ist wichtiger, dass Jesus Christus seinen Fuß auf diese Erde setzte als der Mensch den seinen auf den Mond.«

Das gehört wohl zu den bedeutendsten und bewegendsten Nachrichten, die je um diesen Erdball gingen: Der Gott, der den Kosmos geschaffen hat, Milliarden von Galaxien zu einem unvorstellbaren Ziel führt und das Weltall in Händen hält – dieser Gott kommt auf unseren kleinen blauen Planeten, legt sich in den Schoß einer Frau aus Nazareth und in den Futtertrog eines Stalles in Bethlehem. Unglaublich, aber wahr! Weihnachten: Gott setzt seinen Fuß in Jesus Christus auf diese Erde.

Was bleibt von Weihnachten? Was bleibt von Jesus? Bei vielen die Erinnerung an ein niedliches Baby mit Heiligenschein in der Heile-Welt-Idylle eines abendländisch ausstaffierten Stalles. Jesus, das Christkind ... Aber aus dem pausbäckigen Knaben wurde ein Mann. Das Kind ist erwachsen geworden. Weihnachten ist erst der Anfang der Geschichte – Golgatha ihr Ziel.

Da hängt er zwischen Himmel und Erde am hölzernen Kreuz.

Die Liebe Gottes in Person, dem blinden Hass der Menschen ausgesetzt. Aber er spricht für die ganze Welt das lösende Wort: »Es ist vollbracht!« (Johannes 19,30). Ostern rollt dann der Stein vom Grab. Der Tote lebt, damit Weihnachten nicht umsonst war. »Euch ist heute der Heiland geboren«, meldeten die Engel damals. »Siehe, ich bin bei euch alle Tage bis an der Welt Ende« (Matthäus 28,20), verheißt der Auferstandene mit göttlicher Souveränität. Was Weihnachten beginnt, hat Ewigkeitswert. Selbst der Tod kann die Freude von Weihnachten nicht auslöschen.

Was bleibt nach Weihnachten von Weihnachten? Er bleibt! Jesus Christus! Wenn der Festtag geht, bleibt Jesus doch jeden Tag fest bei uns. Im Heute dieser Gnade findet mein Leben Erfüllung. Mit Christus kann ich rechnen. Er durchkreuzt das Minus meines Lebens zum Plus. Mit ihm bin ich immer in der Mehrheit.

»Fürchtet euch nicht!« Wenn ich Jesus mehr einräume als ein kleines Weihnachtsplätzchen, dann hat die Angst keinen Raum mehr.

Wenn die Kerzen verlöschen, man die Geschenke verstaut und den Besuch verabschiedet hat; wenn man morgen wieder alleine ist mit den Sorgen des Alltags, so bleiben »Glaube, Hoffnung, Liebe, diese drei; aber die Liebe ist die größte unter ihnen« (1.Korinther 13,13).

Was bleibt? Jesus! Und wir! Wer an der Krippe war, geht zurück in die Zeit als einer, dem die Ewigkeit begegnet ist. Er hinterlässt Spuren: Gottes Glanz reflektieren, Echo seiner Liebe sein. Er lässt andere spüren: Weihnachten ist ein ansteckender Flächenbrand der Liebe.

Wenn Gott sein Schweigen brach, dürfen wir nicht still sein. Christen sind die wichtigsten Informationsträger. Sie wissen, wo auf der Erde der Himmel zu finden ist. In eine Welt voller schlechter Nachrichten bringen sie die gute: die Frohe Botschaft vom Heiland Jesus Christus. Dieses Evangelium ist eine tägliche Neuerscheinung. So bleibt auch nach Weihnachten die Botschaft von Weihnachten: »Euch ist heute der Heiland geboren!«

Noch manche Nacht wird fallen
auf Menschenleid und -schuld.
Doch wandert nun mit allen
der Stern der Gotteshuld.
Beglänzt von seinem Lichte,
hält euch kein Dunkel mehr,
von Gottes Angesichte
kam euch die Rettung her.

(Jochen Klepper, 1938)

71

Weitere Top-Titel von **Peter Hahne** im Johannis-Verlag

Peter Hahne
Worte für heute – für 366 Tage
400 Seiten, davon 29 Bildseiten mit Lesebändchen
€ 9,95
Bestell-Nr. 02 332 · ISBN 978-3-501-02332-7

Der kleine, wertvolle Jahresbegleiter mit 366 Texten
von Peter Hahne und 366 Bibeltexten.

Peter Hahne
Kein Grund zur Resignation
112 Seiten, gebunden
€ 7,95
Bestell-Nr. 05 132 · ISBN 978-3-501-05132-0

Peter Hahne lässt die Wurzeln unserer christlichen Kultur lebendig werden und macht sie
attraktiv für das praktische Leben.

Peter Hahne
Groß ist die Freude
Weihnachtswünsche
48 Seiten, viele Farbfotos, gebunden
€ 10,95
Bestell-Nr. 05 810
ISBN 978-3-501-05810-7

Wer Peter Hahne kennt, weiß, dass es
bei seinen Weihnachtswünschen um
mehr als um Gefühle geht.